CONOCE TU GOBIERNO

GOBERNADOR

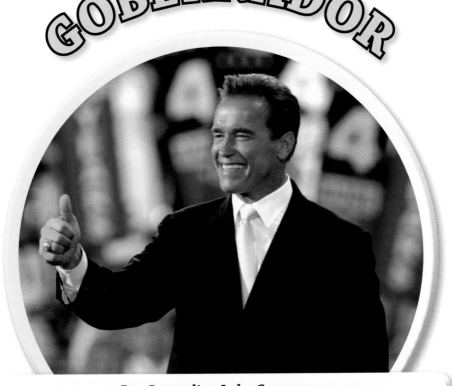

Por Jacqueline Laks Gorman
Consultora de lectura: Susan Nations, M. Ed.,
autora/tutora de lectoescritura/consultora

WEEKLY READER®
PUBLISHING

Please visit our web site at www.garethstevens.com
For a free color catalog describing our list of high-quality books,
call 1-800-542-2595 (USA) or 1-800-387-3178 (Canada). Our fax: 1-877-542-2596

Library of Congress Cataloging-in-Publication Data
Gorman, Jacqueline Laks, 1955–
  [Governor. Spanish]
  Gobernador / por Jacqueline Laks Gorman ; [Spanish translation,
  Tatiana Acosta and Guillermo Gutiérrez].
     p. cm. — (Conoce tu gobierno)
  Includes bibliographical references and index.
  ISBN-10: 1-4339-0098-X ISBN-13: 978-1-4339-0098-3 (lib. bdg.)
  ISBN-10: 1-4339-0126-9 ISBN-13: 978-1-4339-0126-3 (soft cover)
     1. Governors—United States—Juvenile literature. I. Acosta, Tatiana.
  II. Gutiérrez, Guillermo. III. Title.
  JK2447.G6615   2009
  352.23'2130973—dc22   2008044596

This edition first published in 2009 by
Weekly Reader® Books
An Imprint of Gareth Stevens Publishing
1 Reader's Digest Road
Pleasantville, NY 10570-7000 USA

Executive Managing Editor: Lisa M. Herrington
Editors: Brian Fitzgerald and Barbara Kiely Miller
Creative Director: Lisa Donovan
Senior Designer: Keith Plechaty
Photo Researchers: Charlene Pinckney and Diane Laska-Swanke
Spanish Translation: Tatiana Acosta and Guillermo Gutiérrez
Publisher: Keith Garton

Photo credits: cover & title page: © Mike Segar/Reuters/Corbis; p. 5 Chris Miller/AP; p. 6 Courtesy office of Gov.
Bill Richardson; p. 7 North Wind Picture Archives; p. 9 Courtesy office of Gov. Janet Napolitano; p. 10 Courtesy
office of Gov. Jodi Rell; p. 11 M. Spencer Green/AP; p. 12 Muscatine Journal, Beth Van Zandt/AP; p. 13 Jon C.
Hancock/AP; p. 15 Chris Ochsner/ Topeka Capital-Journal/AP; p. 16 Bill Haber/AP; p. 17 Andy King/AP;
p. 19 J. Scott Applewhite/AP; p. 20 Courtesy office of Gov. Deval Patrick; p. 21 Jim Wilson/AP/Pool.

Printed in the United States of America

1 2 3 4 5 6 7 8 9 10 09 08

Cubierta: Arnold Schwarzenegger fue elegido gobernador de California en 2003. Anteriormente había sido una
famosa estrella de cine.

CONTENIDO

Las palabras del glosario se imprimen en letra
negrita la primera vez que aparecen en el texto.

CAPÍTULO 1

¿Quiénes son los gobernadores?

El presidente de Estados Unidos es el líder del gobierno de la nación. Cada uno de los 50 estados también tiene un líder. Cada estado tiene su propio **gobernador**. El gobernador es como el presidente del estado, y se encarga de dirigirlo.

El gobierno de Estados Unidos tiene tres ramas, o partes, principales. El gobierno de los estados también está dividido en tres ramas. El gobernador y sus ayudantes forman una rama. Las otras dos ramas del gobierno aprueban las leyes y deciden sobre su validez.

Sarah Palin es la primera mujer gobernadora de Alaska. En 2008, fue candidata a la vicepresidencia de Estados Unidos.

En mayo de 2008, el gobernador de
Nuevo México, Bill Richardson (derecha),
se reunió con el presidente de México.

El gobernador es el líder del estado. Se reúne en
nombre del estado con el presidente de la nación y con
otros líderes. El gobernador también visita otros países
representando a su estado. Sin embargo, un gobernador
sólo tiene poder en el estado que lo eligió.

El gobernador trabaja en la capital del estado. Por ejemplo, el gobernador de Maine trabaja en Augusta, la capital de ese estado. La oficina del gobernador está en el edificio del capitolio del estado. La mayoría de los gobernadores también viven en la capital de su estado.

Augusta es la capital de Maine. Las oficinas del gobierno estatal han permanecido en el edificio del capitolio de Maine desde 1832.

CAPÍTULO 2

¿Qué hace un gobernador?

Los gobiernos estatales se encargan de muchas cosas. Mantienen la ley y el orden. Regulan los negocios. Se ocupan del medio ambiente. También ayudan a que las escuelas funcionen. Los gobernadores se aseguran de que el gobierno estatal funciona bien.

Los votantes de un estado **eligen**, o escogen, a muchas personas para el gobierno estatal. El gobernador escoge a quienes ocupan otros muchos puestos. También puede escoger a algunos de los principales jueces del estado.

La gobernadora de Arizona, Janet Napolitano, lee un libro a unos estudiantes de su estado en marzo de 2008.

En 2008, la gobernadora de Connecticut, Jodi Rell (sentada), firmó una nueva ley para la protección de la naturaleza en su estado.

Cada estado tiene una **asamblea legislativa**. Las personas que forman la asamblea hacen las nuevas leyes del estado. Las ideas para nuevas leyes reciben el nombre de **proyectos de ley**. La asamblea legislativa envía los proyectos de ley al gobernador. Para que un proyecto de ley se convierta en ley, el gobernador debe aprobarlo con su firma. El gobernador se asegura después de que la gente cumple las leyes del estado.

El gobernador y la asamblea legislativa deciden también cómo se emplea el dinero del estado. Juntos preparan el **presupuesto** del estado. El presupuesto es un plan que indica cómo se recauda y se gasta dinero. En el presupuesto se incluye dinero para escuelas, hospitales y nuevas carreteras.

El presupuesto de un estado incluye dinero para construir y reparar las autopistas.

En junio de 2008, el gobernador de Iowa, Chet Culver, ayudó a llenar sacos de arena en una ciudad inundada.

El gobernador coopera con la asamblea legislativa para solucionar los problemas del estado. Además, ayuda a los habitantes del estado durante una emergencia. Algunos gobernadores comandan también a las tropas y a la policía estatales que protegen a los habitantes del estado.

Muchos estados tienen problemas similares. A veces, los gobernadores se reúnen para tratar de resolverlos. Los gobernadores también viajan para ocuparse de cuestiones del estado. Pueden visitar otros estados o viajar a otros países para que compren productos hechos en el estado.

Todos los gobernadores de Estados Unidos se reúnen al menos una vez al año para buscar soluciones a los problemas de sus estados.

Las personas que se presentan a una elección reciben el nombre de **candidatos**. La mayoría de los candidatos a gobernador proceden de uno de los dos principales **partidos políticos**: el Partido Demócrata y el Partido Republicano. Los candidatos a gobernador tienen diversas maneras de dar a conocer sus ideas a los votantes.

El republicano Bobby Jindal se presentó a las elecciones de gobernador de Louisiana en 2007. Se convirtió en el primer gobernador de origen indio de la historia de Estados Unidos.

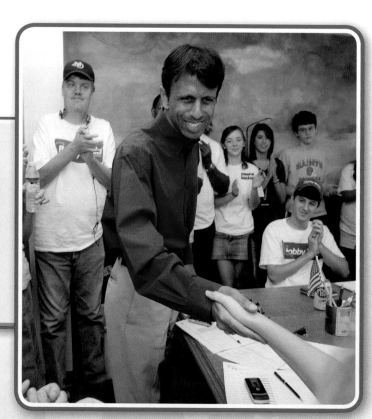

Tim Pawlenty, que fue reelegido gobernador de Minnesota en 2006, da las gracias a sus votantes tras la victoria.

Los candidatos viajan por todo el estado, hablan con los votantes y pronuncian discursos. El Día de las Elecciones, gente de todo el estado vota. El candidato que consigue más votos es elegido gobernador.

CAPÍTULO 4

Gobernadores famosos

Estados Unidos ha tenido muchos gobernadores famosos. Algunos consiguieron grandes logros para sus estados. Otros ayudaron a toda la nación. Algunos gobernadores llegaron a la presidencia de Estados Unidos.

George W. Bush (izquierda) y Bill Clinton (derecha) fueron gobernadores antes de convertirse en presidentes.

Thomas Jefferson fue el primer gobernador que llegó a ser presidente. Fue gobernador de Virginia de 1779 a 1781, antes de convertirse en el tercer presidente de Estados Unidos.

Algunos presidentes recientes de Estados Unidos habían sido gobernadores. Bill Clinton fue gobernador de Arkansas. George W. Bush fue gobernador de Texas.

En 1990, Douglas Wilder, de Virginia, hizo historia como el primer afroamericano elegido gobernador. En 2007, Deval Patrick se convirtió en el segundo gobernador afroamericano. Fue elegido gobernador de Massachusetts.

El gobernador Deval Patrick visita a los niños de un hospital de Massachusetts en junio de 2008.

En 2007, unos incendios forestales destruyeron varias viviendas en California. El gobernador Arnold Schwarzenegger visitó a los afectados para apoyarlos en ese difícil momento.

Arnold Schwarzenegger, a quien mucha gente conocía durante años como una estrella de cine, fue elegido gobernador de California en 2003, y reelegido en 2006. Schwarzenegger dona a organizaciones benéficas todo su sueldo como gobernador. Como todos los gobernadores, se esfuerza por ayudar a los habitantes de su estado.

Glosario

asamblea legislativa: rama del gobierno que hace las leyes

candidatos: personas que se presentan a un cargo electivo

elegir: escoger a un líder mediante una votación

gobernador: líder del gobierno de un estado

mandatos: periodos de tiempo determinados durante los que alguien ejerce un cargo político

partidos políticos: grupos de personas que comparten creencias e ideas políticas similares

presupuesto: plan que determina cómo se obtiene y se gasta el dinero

proyectos de ley: propuestas escritas para nuevas leyes

Más información

Libro

¿Qué es un gobernador? Mi primera guía acerca del gobierno
    (series). Nancy Harris (Heinemann, 2007)

Páginas web

Kids.gov—Páginas web de los estados
www.kids.gov/k_5/k_5_states.shtml
Esta página incluye enlaces a información sobre los estados y sus
gobernadores.

Un día en la vida de un gobernador
www.state.nj.us/governor/kids
Conozcan cómo es un día típico en la vida del gobernador de
Nueva Jersey.

Índice

Información sobre la autora

La escritora y editora Jacqueline Laks Gorman creció en la ciudad de Nueva York. Jacqueline ha trabajado en muchos tipos de libros y ha escrito varias colecciones para niños. Vive en DeKalb, Illinois, con su esposo David y sus hijos, Colin y Caitlin. Se registró para votar cuando cumplió dieciocho años y desde entonces participa en todas las elecciones.